Tracy Summers

Motivation fürs Leben

-

Wie du durch Persönlichkeitsentwicklung in deine Zufriedenheit kommst und ein selbstbestimmtes Leben führst

Tracy Summers

Motivation fürs Leben
-
Wie du durch Persönlichkeitsentwicklung in deine Zufriedenheit kommst und ein selbstbestimmtes Leben führst

Ausführliche Informationen über die Autorin und alle Veröffentlichungen
www.tracysummerswriting.de

Birkenallee 24
36037 Fulda
write@tracysummerswriting.de

ISBN: 978-3-00-065969-0

Inhalt

Für Irene

Mo·ti·va·ti·on

Gesamtheit der Beweggründe, Einflüsse, die eine Entscheidung, Handlung o. Ä. beeinflussen und zu einer Handlungsweise anregen.

Wer sind wir? (Vorwort)

Irgendwann im Laufe meines Lebens entwickelte sich die Idee, ein Buch zu schreiben. Es ist lange her, dass ich begonnen habe zu schreiben und es ist noch nicht so lange her, dass ich mich entschieden habe, diesen Weg zu wählen. Mit der Entscheidung kamen die Probleme. Was macht man mit einem Buch, wenn es fertig ist? Alle stellten mir die gleiche Frage: „In welchem Genre schreiben Sie?“ Ich fiel aus allen Wolken. Ich war noch keine Autorin und ich hatte mir diese Frage nicht gestellt. Nachdem ich das Internet nach einer Antwort auf die Genre-Frage durchstöbert hatte, wurde mir bewusst, dass ich in keines passte. Ich schrieb mir einfach immer alles von der Seele, ohne nachzudenken. Also veränderte ich meinen gesamten Entwurf und formulierte mein Buch in einen Roman um. In der Mitte meines Romans stieß ich durch Zufall auf einen interessanten Autor. Er beschrieb seine Liebe zum Schreiben, das Gefühl, das es bei ihm auslöste. Er erinnerte mich an mich selbst und an meine ursprüngliche Absicht. An das, was mein Herz wollte.

Meine Intention war es, meinen Lesern zu einem guten Gefühl zu verhelfen. Ihnen verständlich zu machen, nicht alleine zu sein in ihren Sinnkrisen. Ihnen vielleicht die eine oder andere Antwort zu geben, wenn sie sich verloren fühlen. Ich bemerkte, dass auch ich mich verloren hatte, in einem Roman, der nicht mehr meiner war. Und zwar, als ich begann, mein Buch so sehr umzuwandeln, dass es nichts mehr mit meinem eigentlichen Werk zu tun hatte, nur damit es in ein „Genre“, in eine „Schublade“ passte. Nachdem sich mein Kopf und mein Herz wieder verbunden hatten, entstand dieses Buch. Trotzdem blieb eine Frage für mich offen: Sind wir Menschen wie Bücher? Aneinandergereihte Sätze, die von Herzen kommen, aber nach dem Aufschreiben so sehr umformuliert, umgekrempelt und überarbeitet werden, dass wir uns selbst verlieren und wir am Ende gar nicht mehr wir selbst sind? Nur damit wir in das „Genre“ passen, in das man uns hinein quetschen will?

Ja, das werden wir. Aber es gibt zum Glück auch einige Menschen, die das hinterfragen und irgendwann versuchen, wieder zu sich selbst zu finden. Zurück zu ihrem wahren Ich, ohne die Einflüsse, die uns seit dem Kindergarten oder bereits früher, vermittelt werden. Es ist ein schwieriger und langer Weg, das loszuwerden, das uns eingeredet und aufgestreift wurde. Aber nur, wenn du diesen Weg wählst, gelangst du zu wirklicher Zufriedenheit, zu deinem Selbst, zu deiner Kraft und zu neuer Motivation für dein Leben.

Seit ich denken kann, studiere ich das Leben und die Menschen. Durch meine Arbeit als Friseurmeisterin und Ausbilderin begegne ich jeden Tag vielen unterschiedlichen Persönlichkeiten. Ich verbringe einmal im Monat zwischen ein bis drei Stunden mit ihnen. Man kann sagen, ich lerne die unterschiedlichsten Menschen ganz gut kennen. Sie erzählen mir Dinge, die sie sonst oft niemandem sagen können. Ich erkenne, dass jeder anders ist und doch haben alle Parallelen. Immer wieder ist es verwunderlich, wie wenige Menschen doch „normal“ sind. Über die meisten Menschen würde man sagen, mit ihnen „stimmt“ etwas nicht. In Wahrheit macht genau das unseren Charakter und unsere Persönlichkeit aus.

Es unterscheidet uns voneinander und macht uns einzigartig. Nichts ist interessanter als das Verhalten und das Wesen der Menschen sowie der Versuch, es zu verstehen. Unfreiwillig, mein ganzes Leben lang, in die Rolle des Ratgebers geschubst, empöre ich mich nicht, wenn eine meiner Freundinnen mal wieder erzählt, dass entweder sie oder ihr Mann fremd gegangen sei. Es überrascht mich nicht, wenn bei bestimmten Personen der fünfte Jobwechsel innerhalb eines Jahres ansteht. Stattdessen drehen sich die Rädchen in meinem Kopf, die alle auf der Suche sind nach der Antwort auf die Frage: „Warum verhalten sich Menschen, wie sie es tun?“. Vor allem frage ich mich, woher die allgemeine Unzufriedenheit in den Mittzwanzigern kommt. Warum fühlen wir uns alle so verloren und suchen ständig nach dem Sinn, obwohl wir frei sein können. Oder fühlen wir uns gerade deshalb überfordert? Warum ist die Mehrheit der Menschen, die mir begegnen, nicht glücklich? Und warum bin ich immer auf der Suche nach dem „Warum“?

Neben meiner eigenen kenne ich sehr viele Lebensgeschichten und die Menschen in meiner Umgebung haben das Gefühl, ich würde ihnen helfen. Ich bin der Meinung, sie empfinden das so, weil ich ihnen einfach nur zuhöre. Bei Friseuren gibt es eine 10/90 Regel, die besagt, dass der Friseur 10 Prozent redet und der Gast 90 Prozent. Wenn man sie einhält, erfährt man sehr viel, da die Menschen eher selten die Chance bekommen, einfach mal nur von sich zu reden. Viele Menschen mit einem Problem sind der Überzeugung, dass nur sie alleine auf der ganzen Welt dieses Problem haben. Weil wir kaum über unsere wahren Sorgen reden und lieber nur unsere Fassade zeigen. Mitten in der Quarterlife-Crisis stellt sich mir die Frage, wie wir es schaffen, mit uns selbst in den Einklang zu kommen.

Wie findest du heraus, was du wirklich willst? Trotz deines hektischen Alltags, der dich immer mehr fordert. Als normaler, arbeitender Mensch, der in der Regel nicht immer die Möglichkeit hat, nach Bali abzuhauen, wenn es brennt, möchte ich ein Buch aus der Perspektive des ganz normalen „Mädchens von nebenan" präsentieren. Als empathischer, sehr sensibler, Energien aufsaugender, gegenüber Menschen kritischer Mensch, gebe ich dir einen Einblick, wie du es schaffen kannst, dich zu motivieren und das Leben nicht nur zu meistern, sondern ihm auch positiv zu begegnen. Es ist nicht einfach, heraus zu finden, was du willst, aber es ist fatal, es nicht zu tun. Egal für was, deine Motivation kommt von innen, also hör auf, sie in einem neuen Job, einem neuen Partner, der nächsten Party oder in Drogen zu suchen...

Ich bin für Veränderung. Ich überrasche andere gerne, mit einer neuen Idee oder einer neuen Vision. Ich entspreche nicht den Vorstellungen anderer und alle paar Jahre werfe ich alles über den Haufen und plane mein Leben neu. Manche sagen, ich sei sprunghaft und eine Träumerin. Genau das bin ich. Ich habe schon oft gehört: „In zwei Monaten bist du wieder hier." Ich bin immer noch weg... Nach der Schule wollte ich Visagistin werden, also wurde ich Bürokauffrau. In meiner Ausbildung feierte eine Kollegin ihr 20-jähriges Jubiläum. Mir wurde ein wenig übel bei dem Gedanken, so lange an einem Ort und einem Arbeitsplatz festzuhängen. Ich machte meine Abschlussprüfung und verließ noch am selben Tag das Büro, um Friseurin zu werden. Nur wenige Menschen konnten verstehen, dass ich einen sicheren Job in der Verwaltung aufgab, um Friseurin zu werden. „Irgendwann gehst du wieder ins Büro." Ich muss nicht erwähnen, dass ich nie wieder in einem Büro arbeitete.

In meiner Ausbildung zur Friseurin erfuhr ich, was es heißt, etwas mit Leidenschaft und Herzblut zu tun. 12-Stunden-Tage machten mich nicht fertig, sondern putschten mich auf. Ich liebte es. Als Friseurmeisterin und Salonmanagerin bin ich auf der Karriereleiter ziemlich weit nach oben gestiegen. Ich habe begriffen, was es bedeutet, dort oben zu sein. Sicher kein Glück oder Zufriedenheit. Es winkt auch nicht der berühmte „Topf voll Gold“. Es ist alles wie immer. Die Zufriedenheits-Skala steigt nicht, sie bleibt auf dem gleichen Level. Hier war der Punkt, an dem ich bemerkte, egal wie oft du befördert wirst, egal wie viel Geld du verdienst und wohin du auch reist, um zu fliehen, du nimmst dich selbst immer mit.

Zufriedenheit als Weg

zu·frie·den

innerlich ausgeglichen, sich mit den Gegebenheiten in Einklang befindend und keine Veränderung der Umstände wünschend.

Theoretisch stehen uns alle Türen offen. Wir können alles erreichen, alles werden und sein. Wir haben die Verantwortung für unser Leben und Glück selbst in der Hand. Die meisten Menschen fühlen sich aber nicht so. Zwischen Wissen und Fühlen liegen Abgründe. Wir fühlen uns ausgeliefert, als ein kleiner Teil eines großen Systems und wenn wir doch aussteigen, was denken dann die anderen? Die Auswirkungen unseres Lebens, das jahrzehntelang auf Konsum, Material und Besitz gestützt war, hat zur Folge, dass wir chronisch unglücklich sind.

Welche Möglichkeiten uns auch vor die Füße gelegt werden, wir sind immer im Gefühl des Mangels. Wir wissen nicht, was wir mit uns anfangen sollen. Wir sind überfordert, gestresst und unsere Gedanken fressen uns auf. Wenn wir wissen, dass wir immer noch mehr erreichen können, können wir dann jemals stehen bleiben und innehalten? All das Streben nach Macht und Geld hindert uns daran, den Moment zu genießen. Warum wollen wir immer mehr, ohne zu wissen, was dieses „mehr" eigentlich ist? Mehr als die 40 Stunden Woche in einem Job, in dem nicht wirklich viel Sinn steckt. Wenn wir nicht über die Zukunft nachdenken, dann trauern wir den guten alten Zeiten nach, die damals vielleicht gar nicht so gut waren, sondern genauso gut oder nicht so gut wie jetzt, weil wir während dieser Zeit auch damit beschäftigt waren, über die Zukunft nachzudenken. Du kennst sicher das Gefühl, wenn alles zu anstrengend und einfach zu viel wird. Das Gefühl, einfach ausbrechen zu wollen und endlich zufrieden zu sein.

Wie viele Menschen kennst du, bei denen das in der Praxis funktioniert? Die ihr Leben wirklich danach leben? Auf der einen Seite wären wir alle gerne Yogis, wollen unsere Sachen packen, in einem Baumhaus leben oder eine Surfschule eröffnen. Auf der anderen Seite haben wir Verpflichtungen, einen Job und das Konto würde nicht mal einen einzigen Tag in der Karibik hergeben. Was also tust du als so eine Person? Findest du, dass sich das alles kompliziert anhört?

Ja, das ist es, aber die eigentliche Erklärung ist einfach: Zufriedenheit ist ein langer und steiniger Weg, niemals ein Dauerzustand. Sie ist ganz individuell und jeder muss seinen Weg für sich selbst finden. Zufriedenheit lässt sich nicht erklären, wie eine Matheaufgabe. Sie ist subjektiv. Das macht die Sache nicht einfacher. Das vergessen zum Beispiel alle, die behaupten, sie wollen nur dein Bestes. Eigentlich wollen sie für dich das, was für sie das Beste ist oder gewesen wäre.

Ob das Beste deiner Eltern auch dein Bestes ist, musst du selbst herausfinden. Ich wünschte, jemand hätte mir erzählt, wie viel Arbeit im Weg zur Zufriedenheit steckt. Wie es sich anfühlt, sich in sich selbst und das Leben zu verlieben und drei Tage später wieder am Boden zu liegen und zu weinen. Von sich selbst enttäuscht zu sein, dass man immer noch nicht der meditierende, positiv denkende, dauergrinsende Mensch ist, der man sein will. Ausgeglichenheit ist harte Arbeit, die niemals endet und die aber nicht immer belohnt wird. Emotionen, egal ob Trauer, Verzweiflung oder Freude, fordern ihren Platz und den sollten wir ihnen geben. Es gibt immer Höhen und Tiefen.

Das Leben bewegt sich in Wellen. Wenn man hart daran arbeitet, verkraftet man diese Wellen ohne unterzugehen, aber sie sind trotzdem da. Bist du auf der Suche nach dir selbst? Sich selbst finden bedeutet nicht, dass es dir immer gut geht. Wenn du dich nach Zufriedenheit sehnst, musst du sie ausarbeiten und bevor du das tust, solltest du erst einmal Platz schaffen. Streiche Dinge, die dich unzufrieden machen. Denke darüber nach, ob das, womit du deine Zeit verbringst, dir wirklich gut tut und dich erfüllt, oder rennst du nur ins Fitnessstudio, weil es jeder tut?

Das Ganze passiert nicht von jetzt auf gleich. Du solltest geduldig mit dir sein und das Wichtigste ist, dass du überhaupt damit anfängst, Sachen in Frage zu stellen und dich mit deinen Wünschen auseinandersetzt. Wir beschweren uns immer nur, aber wissen nicht wirklich, was es denn eigentlich genau ist, das uns so sehr stört. Machst du oft etwas, weil es jemand von dir erwartet? Du bist nicht hier, um die Erwartungen anderer zu erfüllen. Was gibt dir Energie und Freude? Nimm dir mehr Zeit dafür. Lade deinen Akku auf. Immer wieder. Du kannst es aufschieben, aber nur bis zu einem gewissen Punkt. Wenn dein Akku leer ist, wirst du labil, genervt und gereizt. Ein Freund, den ich einmal gefragt habe, was ihn glücklich macht, sagte mir, dass er Dinge, die ihn unglücklich machten, vermeidet.

Jeder Mensch hat Verpflichtungen, aber deine wichtigste Verpflichtung bist du selbst. Deine Persönlichkeitsentwicklung, deinen Weg zu finden und zu gehen, wird dir nicht einfach passieren, du musst es lenken. Es ist Schwachsinn, Ratgeber zu lesen, deren Ratschläge du dann doch nicht befolgst, sondern nur auswendig kennst oder auch sofort wieder vergisst. Wende Ratschläge, die dich ansprechen, sofort an und schiebe es nicht auf. Schreibe dir alles, von dem du dich angesprochen fühlst und das dir ein gutes Gefühl gibt, auf. Schöne Sätze, die du irgendwann brauchen kannst. Wenn du verzweifelt bist, in der Sackgasse steckst oder einfach einen schlechten Tag hast. Du musst es fühlen und nicht nur wissen. Unser Geist, unsere Seele und unser

Körper sollten an erster Stelle stehen. Sie haben oberste Priorität, damit du die Kraft hast, dein bestes du zu sein.

I. Step

- Schaffe Platz, indem du Dinge streichst, die bei dir Unzufriedenheit verursachen und dich nerven

- Was macht dir Freude und gibt Energie? Lade deinen Akku immer wieder auf

- Dein Geist, dein Körper und deine Seele haben oberste Priorität

Mental Breakdown

Ner·ven·zu·sam·men·bruch

Plötzlich auftretende Krise infolge einer außergewöhnlichen Überbeanspruchung.

Zufriedenheit ist kein Ziel, das man einmal erreicht und dann darin schwelgt, wie auf einer weichen Wolke. Alle Menschen, selbst die, die den Anschein machen, vollständig ausgeglichen zu sein, ihrer Leidenschaft zu folgen und ein Leben führen, das man sich nur erträumen könnte, haben schlechte Tage. Mache dir bewusst, dass deine Kollegin, die Powerfrau, die alles unter einen Hut bekommt und dabei nicht nur wunderbar aussieht, sondern sogar immer lächelt, manchmal nachts weint. Dass dein Vorbild, jemand, der Erfolg, Ruhm und Geld hat, auch Tage erlebt, an denen er den Sinn seines Lebens anzweifelt. Es wird nur zu wenig darüber geredet. Alle Menschen möchten ihre beste Seite zeigen, ihre beste Version, aber wir sollten auch über unsere Mental Breakdowns reden. Unsere schlechtesten Zustände und unsere labilste Verfassung sind wichtig, um zu wissen, dass wir nicht perfekt sind und es auch nicht sein müssen.

Alles ist in Ordnung. Du hast beste Laune und machst etwas, das sich gut für dich anfühlt. Vielleicht hast du einen freien Tag und du triffst deine Freunde. Die Sonne scheint… aber kaum zuhause angekommen stehst du in deiner stillen Wohnung und spürst, du bist allein. Das Alleinsein ist so präsent. Deine Energie fährt herunter und du setzt dich in eine Ecke des Zimmers und weinst, weil dir bewusst ist, neben all den Freunden und Freuden, die du hast, fehlt dir eine wichtige Sache. Der Mensch, der jetzt neben dir sitzen könnte und dich trösten könnte. Und hättest du diesen Menschen an deiner Seite, dann würdest du jetzt vielleicht gar nicht in dieser Ecke sitzen.

Und überhaupt, was fängst du an mit deinem Leben? Hat das alles einen Sinn? Und gibt es eigentlich etwas Gutes? Was ist denn schon gut im Leben? Du hast das Gefühl, du könntest das gesamte Leid der Welt in deinem kleinen Herzen spüren. Die Welt ist ungerecht, grausam und du bist mittendrin. Warum bist du jemals von zu Hause weggezogen und warum arbeitest du in einem Job, der dir keinen Spaß macht, statt bedürftigen Menschen zu helfen? Wieso kannst du nicht reich geboren sein, und warum kannst du dir eigentlich nie das leisten, das du möchtest? Du stellst alles in Frage und du versinkst so tief in Selbstmitleid, dass du es nicht einmal schaffst, aufzustehen und zum Kühlschrank zu gehen, um dir einen Frust-Snack zu holen. Da ist einfach kein Licht. Du hast so viel geweint, dass du Kopfschmerzen hast und erschöpft bist. Es gibt Tage, an denen ist der stärkste Mensch schwach.

Egal was du für deine mentale Gesundheit tust, du wirst schlechte Tage haben. Es wundert mich, dass gerade die Menschen, die sich am meisten mit der Gesundheit der Seele beschäftigen, immer den Anschein erwecken, als wären sie immer in ihrer Kraft. Manchmal wird uns vorgegaukelt, dass das Leben eine einzige rosa Seifenblase ist, wenn man sich nur dafür entscheidet. Die Seifenblase platzt aber ab und an. Du solltest darauf vorbereitet sein und diese Tage nicht zu ernst nehmen. Sie gehen vorbei. Setze dich nicht unter den enormen Druck, jeden Tag so zu leben als wäre es dein letzter, keiner von uns macht das.

Die Welt lässt uns glauben, wir wären verrückt, depressiv und fehl am Platz. Wir fühlen uns wie der einzige Mensch, dem es schlecht geht und alle sehen weg. Wir sollten darauf achten, nicht immer nur von Tagen zu erzählen, an denen es uns gut geht. Wir müssen darüber reden, wenn wir am Li-mit angekommen sind. Wenn du mit deinen Freunden darüber redest, wirst du feststellen, dass sie gänzlich erleichtert sind, denn sie denken auch, sie wären die Einzigen. Wir müssen diese Stimmungen akzeptieren. Das Leben besteht nicht immer nur aus freudigen Zeiten. Nimm dir die Zeit, auch einmal schlecht drauf zu sein, traurig oder wütend. Nur so kannst du diese Gefühle loslassen. Sie machen uns weder schlechter, noch besser. Sie machen uns zu Menschen. Körperliche Beschwerden, wie Rückenschmerzen hier und da, sind völlig normal und werden nicht bewertet, also warum tun wir es mit „mentaler Schwäche"?

Niemand erwartet von uns, immer in unserer Kraft zu sein, meistens sind es nur wir selbst, die diesen Anspruch an uns haben. Es ist total in Ordnung, mal zwei Stunden zu weinen. Es sagt nichts darüber aus, ob du stark bist. Stark sind wir, wenn wir danach wieder aufatmen können und uns immer wieder vornehmen, unser bestes Ich zu sein. Uns immer wieder aufzurappeln und akzeptieren, dass es an manchen Tagen regnet. Am nächsten Morgen wirst du wieder vor dem

Spiegel stehen und dir selbst sagen, dass du schön bist. Du bist wieder davon überzeugt, dass du bald einen Partner findest und dass du es dir ja irgendwie selbst ausgesucht hast, alleine zu sein. Weil die fünf Anwerber oder Anwerberinnen eben einfach nicht zu dir passen und du dich sicher nicht mit einem Partner abfinden wirst, mit dem du dich nicht verbunden fühlst. Deine Wohnung ist etwas klein, aber sie bietet zumindest Platz für eine Ecke, in der du heulen kannst.

Die grauen Tage, die von einer miesen Stimmung und Nervenzusammenbrüchen beherrscht sind, sind schrecklich, aber oft kannst du schon am nächsten Tag nicht mehr verstehen, warum es dir gestern so ging. Ordne diesen Tagen nicht mehr Wert zu, als sie verdienen und schon gar nicht mehr Wert, als den schönen Tagen. Dort, wo es niemals regnet, wächst auch nichts. Es ist völlig in Ordnung, nicht jeden Tag bestens gelaunt zu sein. Nimm dir auch mal eine Auszeit vom Gute-Laune-Bärchen-Dasein, wenn du es brauchst. Statt deine Energie der Schauspielerei zu opfern und so zu tun, als wäre alles toll, sorge dich lieber um dich selbst, bis du wieder in deiner Kraft bist. Lass dir all die Dinge durch den Kopf gehen, für die du dankbar bist und du wirst merken, wie sich dein inneres Gefühl wieder zum Positiven verändert.

II. Step

- Jeder hat schlechte Tage
- Rede darüber
- Akzeptiere deine Stimmungs-schwankungen und bewerte deine schlechten Tage nicht höher als die Guten
- Rappel dich wieder auf
- Schreibe fünf Dinge auf, für die du dankbar bist

Die Pflicht…
hält jetzt mal die Klappe!

Ver·pflich·tung

etwas, was zu tun jemand als eine (innere, sittliche, moralische) Verpflichtung ansieht, was seine eigenen oder die gesellschaftlichen Normen von ihm fordern

Ich habe einige Menschen kennengelernt, die nicht wissen, was sie eigentlich glücklich macht. Zu wissen, was dich glücklich macht und was du dir wünscht, ist aber die Basis zum glücklich sein. Wenn es dir auch so geht, dann fange an, Schritt für Schritt herauszufinden, was Glück für dich bedeutet. Wie viele Dinge tust du, die du nicht tun möchtest, die du aber tust, weil du dich verpflichtet fühlst oder jemand anderes es von dir erwartet? Es gibt für jeden Dinge, die sich besser anfühlen als andere. Wenn du am Ende des Tages sagen kannst, dass du davon mehr gemacht hast, als etwas, das dich unglücklich macht oder dir eine schlechte Stimmung verschafft, dann bist du auf einem guten Weg zum Gleichgewicht.

Mit dem Hund rauszugehen zählt übrigens nicht als Pflicht, nur weil du heute mal keine Lust dazu hast. Das ist etwas, wofür du dich mit der Anschaffung eines Hundes bewusst entschieden hast! Und eigentlich liebst du es, sonst würdest du den Hund zu der netten alten Dame von nebenan abschieben, die sich wahnsinnig darüber freuen würde. Es ist eigentlich sehr einfach und doch fällt uns die Umsetzung schwer. Wie lange warst du nicht im Fitnessstudio? Viel zu lange? Dann kündige endlich! Fitness ist gut für deine Gesundheit. Es ist aber nicht gut für dein Stress-Level, dir immer wieder vorzuwerfen, warum du heute wieder nicht dort warst und morgen höchstwahrscheinlich auch nicht hingehst. Geh hin oder nehme dir diese Last von den Schultern. Suche dir etwas, woran du wirklich Spaß hast und halte nicht an etwas fest, weil es andere Leute tun oder weil die Werbung uns sagt, es sei richtig. Du musst nicht auf ein Laufband. Geh in die Natur. Gehe spazieren, zum Tanzen, mach Yoga oder power dich beim Kickboxen aus.

Wenn du an keiner dieser Sachen Spaß hast, räume dir bewusst Zeit ein, dich über Sportarten zu informieren und probiere sie einfach alle aus! Diese Vorgehensweise kannst du auf dein gesamtes Leben projizieren. Essen, Freunde, Veranstaltungen. Nehme dir die Zeit zum aussortieren! Wir verbringen Jahre damit, Aktivitäten nachzugehen, die uns keine Freude machen. Besuche bei Freunden, Sportkurse und Veranstaltungen, die wir nur aus Pflichtgefühl oder Scham, wenn wir es nicht tun, über uns ergehen lassen. Dann kommen wir nach Hause und haben das Gefühl, etwas furchtbar Anstrengendes getan zu haben.

All das gibt uns keine Energie, sondern entzieht sie uns. Anstatt unsere Beschäftigungen in Frage zu stellen, suchen wir dann auch noch den Fehler bei uns. Wir denken, wir seien komisch, weil wir einfach nicht in die Clique passen. Vielleicht bist du deshalb nicht anpassungsfähig, weil du deine Zeit überhaupt nicht gerne im vornehmen Restaurant mit

Small Talk und Bekanntschaften, mit denen du nichts gemeinsam hast, verbringen möchtest. Ein wundervoller Mensch wies mich darauf hin, dass viele meiner Freunde absolut nicht dem entsprachen, für was ich mich interessierte. Eine ganz einfache Lösung, die ich nie in Betracht zog. Es lag nicht an mir, dass mir diese Aktivitäten meine Energie raubten, sondern an meinem Umfeld. Damals wäre ich nie auf diese simple Schlussfolgerung gekommen. Saugen dich viele deiner Bekanntschaften nur aus und lassen eine leere Hülle zurück? Was tust du? Bist du in einer Woche wieder zum Kaffee da?

Du kannst dir nicht vorstellen, wie viel Zeit du gewinnst, wenn du es sein lässt. Vielleicht bist du ein Mensch, der es sich lieber alleine zuhause gemütlich macht und vielleicht sogar ungern Besuch empfängt. Der Satz „Ich bin gerne allein“, löst bei den meisten Menschen große fragende Augen und einen offen stehenden Mund aus. Danach folgt meist ein langgezogenes „Allein?“, in piepsiger Stimme. Sei selbstbewusst genug, um dir selbst sagen zu können: „Ich bin gerne allein und zwar nicht, weil „niemand mit mir spielen mag“, sondern weil ich nicht „mit jedem spielen mag“!

Verbringe deine Zeit lieber mit ausgewählten Menschen, die du gerne um dich hast und die sich wirklich für dich interessieren. Freunde, die dein Bestes wollen. Wenn du aber darauf stehst, in Menschenmassen zusammengepfercht einen Drink zu nehmen, dann tue es. Wenn du Smalltalk und einfach den Kontakt zu Menschen magst, weil du dann abschalten kannst, dann sitze nicht alleine zuhause, sondern geh auf die nächste Party oder auf das nächste Konzert. Schäme dich nicht dafür, dass du lieber viele Freunde und Bekanntschaften hast, und wenn es umgekehrt ist, und du nur einen einzigen Menschen um dich haben möchtest, dann tue auch das. Finde heraus, was deine Werte sind, nehme sie so an, wie sie sind und gestalte dein Leben nach ihnen.

Während ich am Waschbecken stehe und einem Kunden die Haare wasche, geht mir durch den Kopf, wie oft ich in meinem Leben schon gefragt habe "Ist die Temperatur so in Ordnung?“ Motivationsverlust kann sich durch Routinen einschleichen. Die positive Seite einer Routine ist, dass sie uns Sicherheit und Selbstbewusstsein gibt. Es ist etwas, das wir wirklich gut können und zwar schneller und besser als früher. Meistens lieben wir unsere Routinen, sonst hätten wir sie nicht so lange ertragen. Aber Routinen können auch frustrieren. Immer das Gleiche zu tun, Tag für Tag, lässt unseren Alltag ergrauen. Wir bewegen uns nur noch in unserer Komfortzone. Deshalb lieben wir Weiterbildungen. Niemand möchte in seinem Leben stehen bleiben. Eine Routine, die du jedoch regelmäßig umsetzen solltest ist, dich selbst zu fragen, ob es dir gut geht.

Mache regelmäßig einen Ist-Check von deinem Leben. Wenn du eine Pro-Contra-Liste verfasst, wirst du sicher feststellen, dass du manche Gewohnheiten abschaffen kannst. Welche Abläufe haben sich eingeschlichen obwohl du sie nicht magst und welche Routinen liebst du und möchtest sie niemals aufgeben? Einige können dich irgendwann so sehr frustrieren, dass sie einen Burnout verursachen. Deshalb frage dich selbst ab und zu nach der Wassertemperatur, bevor es zu heiß wird. Werde dir darüber klar, was du in deinem Leben gerne magst und was nicht. Wenn du zum Beispiel deine Arbeit liebst, es aber abgrundtief hasst zuhause den Boden zu wischen, dann solltest du vielleicht etwas mehr arbeiten oder einen Auftrag mehr annehmen, damit du dir eine Putzkraft leisten kannst. Das wird dich glücklicher machen, als jeden Sonntag fluchend den Haushalt zu erledigen und dir dann am Montag ein paar schöne Schuhe zur Belohnung zu kaufen. Ein klassischer Frustkauf, den sicher jeder kennt. Diese Ausgabe ist daher viel besser in eine Person investiert, die ihr Geld mit dem verdient, was du nicht leiden kannst. Zu solchen objektiven und logischen Schlussfolgerungen kommst du aber nur, wenn du eine ganz nüchterne Bestandsaufnahme deines Lebens machst. Veränderung ist eine tolle Sache und oftmals sind es Kleinigkeiten, wie umgestellte Möbel, die uns fröhlich machen und uns kleine Glücksmomente schenken. Dreh an den Schräubchen deines Lebens, bevor aus der kleinen Unzufriedenheit eine Krise wird.

Egal was du machst, mache es bewusst und aus Überzeugung. Weil es dir gut tut und nicht, weil du vor 15 Jahren in diesen Freundeskreis, Job oder Sportverein hineingerutscht bist. Akzeptiere deine Eigenheiten und stehe zu ihnen. Was sind nur Gewohnheiten? Was machst du gerne aber unbewusst? Was machst du ungern und wovon würdest du lieber viel mehr tun? Stelle deine Intuition vor deinen Intellekt und frage dich, welche Werte du leben willst. In welchen Situationen lebst du deine Werte und wann die Werte von anderen Menschen? Natürlich gibt es Verpflichtungen, die wir nicht umgehen können. Aber stelle dir bei diesen Aufgaben die Fragen:

-Bringen sie mir Geld?

-Bringen sie mich näher zu meinem Ziel?

-Haben sie einen höheren Zweck?

Wenn eine der Antworten zutrifft, willst du den Preis höchstwahrscheinlich bezahlen. Kaum jemand hat wirklich Lust auf eine Steuererklärung, aber sie gibt dir Geld zurück, deshalb nimmst du es in Kauf. Wenn dein Ziel 20 Kilo abnehmen ist, dann verzichtest du „gerne“ auf die Pizza und isst etwas, das dich deinem Ziel näher bringt.

Welche Dinge schiebst du auf und was machst du von anderen Personen abhängig? Möchtest du schon seit Ewigkeiten Tanzstunden nehmen und wartest seit Jahren auf einen Partner? Wenn du ihn hast, musst du auch noch einer der glücklichen Menschen sein, dessen Partner Lust hat, mit dir zu tanzen. Oder meldest du dich einfach als Single an und findest dort einen Tanzpartner?

Tanz doch einfach!

Diese Dinge zu wissen und schriftlich festzuhalten, verschafft deinem Leben Struktur. Diese Struktur führt dich zu einem bewussteren, glücklicheren Leben, durch mehr Motivation und vor allem mehr Selbstvertrauen.

III. Step:

- Mache jeden Tag immer mehr Dinge, die dir Freude bereiten, als die, die dich nerven.

- Mache Sport, der dir Spaß macht, und nicht weil andere ihn toll finden.

- Streiche Pflichtveranstaltungen.

- Mache alles bewusst und aus Überzeugung.

Deine Bestandsaufnahme:

- Was bringt dir wirklich Freude und was machst du nur aus Pflichtgefühl?

- Welche deiner Freundschaften sind nur Gewohnheit und welche Freunde hast du wirklich gerne um dich?

- Was tust du für einen höheren Zweck und bist du wirklich bereit, den Preis dafür zu zahlen?

- Was schiebst du auf oder machst es von anderen Personen abhängig?

Werde dir selbst wichtig

selbst

betont nachdrücklich, dass nur die im Bezugswort genannte Person oder Sache gemeint ist und niemand oder nichts anderes

Vor kurzem erhielt ich einen Anruf einer Freundin, die mir in Tränen aufgelöst berichtete, dass ihr Mann sie verlassen hat. Nach nur fünf Jahren Ehe war er auf und davon und schien erleichtert, dem Eheleben entflohen zu sein. Wochenlang telefonierten wir regelmäßig und meist rief sie mich an, kurz nachdem sie das Abendessen zubereitet hat. Sie aß nur noch Fertigessen und brach manchmal währenddessen in Tränen aus. Ich fragte sie, warum sie sich nichts kochte. Es wäre doch schön, so ein leckeres Abendessen mit einem Glas Wein. Sie war verwirrt. Sie hatte nicht eine Sekunde darüber nachgedacht für sich zu kochen, tat es aber vorher jeden Abend für ihren Mann. Mir ging ein Licht auf. Sie war sich selbst nicht wichtig genug, um für sich zu kochen. Jahrelang tat sie es für jemand anderen, aber sie war sich selbst ein gutes Essen nicht wert. Ich bat sie, morgen für mich zu kochen. Ich tauchte nie auf. Entsetzt rief sie mich an, wo ich denn bleibe. Ich sagte, ich sei zu Hause, sie hätte heute eine Verabredung mit sich selbst. Sie solle den teuersten Wein aufmachen und ihr Essen genießen, weil sie die wichtigste Person in ihrem Leben ist. Sie nahm es mir zum Glück nicht übel und danach ging es mit ihr bergauf. Sie berichtete mir oft, wie sie sich Gerichte angeeignet hat, die nur ihr Mann kochen konnte und sie besuchte sogar einen Kochkurs, einfach nur, weil sie das immer schon mal machen wollte, und ihr Mann nie Zeit oder Lust dazu hatte. Selbst wenn ihr ein Essen nicht gelungen ist, hat sie es immer wieder versucht. Mir kam es vor, als würden diese Rückschläge sie noch mehr anspornen. Es war der erste kleine Schritt für sie, um wieder eine Verbindung mit sich selbst herzustellen. Jahrelang in der Rolle der Ehefrau, wurde sie sich zum ersten Mal in ihrem Leben selbst so wichtig, wie ihr Partner es für sie war. Sie ließ es sich gut gehen und strahlte das auch aus. Ihre Haltung und ihre Gesichtszüge ließen sie strahlen. Nein, sie hat mit der tollen neuen Ausstrahlung nicht ihren neuen Partner kennengelernt, sondern genießt es in vollen Zügen, sich selbst all die Sachen zu gönnen, die sie vorher aufgeschoben hat. Wie kann es sein, dass wir uns selbst ganz hinten anstellen. Vor unseren Bedürfnissen kommen die unseres Partners, unserer Kinder und manchmal sogar auch noch die Wünsche unserer Bekanntschaften. Warum sind unsere eigenen Ansprüche und Bedürfnisse uns so unwichtig geworden?

Du sollst hilfsbereit sein und für deine Freunde da sein, aber wenn du nur für andere lebst, bist du auf Dauer nur noch eine leere Hülle. Du kannst nicht in deiner Kraft sein, wenn du davon ausgelaugt und müde bist, es immer allen recht zu machen. Es ist völlig in Ordnung „Nein" zu sagen. Viele meiner Freundinnen fragen mich, wie ich es zwischen Beruf, Hundemama-dasein und Autorenleben schaffe, auch noch regelmäßig Yoga zu praktizieren. Ich schaffe es, weil ich mir Zeit dafür nehme. Ich bin nicht ich selbst, wenn ich es nicht tue. Manche Personen sind stabiler als andere aber alles was wir nicht für uns tun, weil wir uns mal wieder keine Zeit nehmen, wird sich rächen. Manchmal in Form von Stress, Labilität oder Unzufriedenheit. Du selbst weißt es am besten. Du solltest dir mindestens genauso wichtig sein, wie die Menschen in deinem Umfeld. Deine Bedürfnisse sind nicht lächerlich oder unwichtig, sondern müssen erfüllt werden.

Unabhängig davon, in welcher Lebenslage du steckst, lass es dir ab und zu gut gehen. Wir kümmern uns um andere und bleiben dabei selbst völlig auf der Strecke. Egal ob alleine oder nicht, wir sollen, wir müssen das Beste aus unserem Leben herausholen. Das Leben fängt nicht erst an, wenn wir den Partner, den Abschluss oder den neuen Fernseher haben. Wir müssen uns um uns selbst kümmern, es tut sonst niemand.

IV. Step

Sei dir selbst den teuersten Wein wert

Kümmere dich um dich selbst als die wichtigste Person in deinem Leben, so wie du es für deinen Partner tun würdest

Deine Sicht

Per·s·pek·ti·ve

Standpunkt, von dem aus etwas gesehen wird

Steckst du in einer Situation, die dir ganz und gar nicht gefällt und du kannst sie im Moment einfach nicht ändern? Kostet dich das eine Menge Energie und Kraft? Manchmal kann man sich in dieser Situation nicht einmal dafür aufraffen etwas zu tun, damit sie sich ändert. Wir sind dann träge, niedergeschlagen und fallen in eine depressive Stimmung. Wir haben das Gefühl, es sei aussichtslos und unsere Gedanken schweifen nur noch ins Negative ab. Unser Fokus liegt auf dem

Schlechten. Unsere Energie fließt dahin, worauf wir unseren Fokus legen. Es gibt Menschen, die ein Talent dafür haben, das Positive zu sehen und diese Menschen machen oft den Fehler, anderen die negativen Gedanken vorzuwerfen. Wenn eine schlecht gelaunte Person dann auch noch hört: „Denk positiv!“, löst das meist nur Wut und Unverständnis bei ihr aus.

Damit du zurück zu positivem Denken kommst, musst du deine Perspektive wechseln. Egal wie schlimm es ist, du wirst nicht daran sterben! Es könnte immer noch schrecklicher sein. Es klingt wie eine Floskel, aber wenn du lernst, sie zu verinnerlichen, passiert etwas in dir. Du spürst Dankbarkeit. Sehe die Vorteile, die du hast. Wenn es ein Job ist, den du nicht magst, bringt er dir trotzdem vorübergehend Geld. Wenn du deinen Job verloren hast, eröffnet es dir neue Wege und

Möglichkeiten, an die du jetzt noch gar nicht denken kannst. Lege den Fokus auf die Dinge, die gut laufen und vergleiche dich mit Schicksalen, die viel schlimmer sind, als dein eigenes.

Wir dürfen uns nicht hinreißen lassen, unser ganzes Leben zu verteufeln, nur weil eine Sache nicht so läuft, wie wir es möchten. Wenn du es schaffst, in ein Gefühl der Dankbarkeit zu kommen, kannst du deine Lage klarer und objektiver betrachten. Das ist eine wichtige Voraussetzung, um Optionen auszuarbeiten und Lösungen zu entwickeln. Schreibe dir auf, wie du aus dieser Situa-tion herauskommen kannst, was es dich in nicht materieller Hinsicht kostet und wie viel du „bezahlen" würdest, um etwas zu ändern. Welche Lösungen gibt es? Glaube mir, es gibt immer welche. Sie gefallen dir auf den ersten Blick vielleicht nicht so gut, aber es ist immer beruhigend zu wissen, dass es welche gibt. Sammle zuerst alle Optionen, egal wie abwegig sie klingen mögen und dann erstelle einen Plan, nach dem du vorgehst. Danach wirst du aufatmen, weil du weißt, es gibt Optionen. Er wird deine Sicht verändern, denn nun liegt dein Fokus auf der Lösung und dem „Leben danach“. Nämlich dem Leben, das du führen wirst, wenn du diese Situation überstanden hast.

Meine Perspektive zu verändern, durfte ich lernen, während ich in einem tiefen Loch festhing. Frisch getrennt hatte ich mir auch noch den langweiligsten Job der Welt geangelt. Das Desaster ging jeden Morgen bereits los, als ich ständig um ein Haar meine Straßenbahn verpasste, und wenn sie mir nicht direkt vor der Nase wegfuhr, saß ich, schwer atmend und verschwitzt, zwischen all diesen griesgrämigen Leuten. Einmal saß mir eine Dame gegenüber. Sie sah aus, wie man sich eine klassische Dame Mitte 50 vorstellt. Elegant, etwas pummelig, mit einem Filzhut unter dem ihre blond gefärbten Haare hervorlugten. Sie starrte mich an. Ich versuchte nicht hinzusehen und kramte in meiner Handtasche. In Wahrheit sah ich aber nach, ob meine Hose auch wirklich zu war. Warum starrte sie mich so an? Und wie konnte sie so unglaublich schnell stricken, während sie mich ansah?

Ich las mein Buch, bis endlich die Endhaltestelle kam. Die Frau packte ihre Stricksachen weg, griff nach ihrem Gehstock, klappte ihn auf und diesmal starrte ich! Es war ein Blindenstock. Die Dame veränderte meine Einstellung. Sie zeigte mir, wie falsch wir Dinge manchmal wahrnehmen. Aufgrund einer Momentaufnahme unseres Lebens urteilen und verteufeln wir unser Schicksal, obwohl wir keine Ahnung haben, für was unsere aktuelle Situation einmal gut sein wird. Wir denken immer, wir hätten alles verstanden, aber unser Leben bringt uns oft in Situationen, die wir nicht verstehen, bis es seinen Blindenstock ausklappt und beweist, dass wir nichts verstanden haben.

Veränderung benötigt viel Energie. Wenn du in einem Loch hängst und es dir nicht gut geht, woher sollst du diese Energie dann nehmen? Es ist ein Teufelskreis. Wir sollen positiv Denken um positives anzuziehen aber wenn da doch einfach nichts ist, woraus du deinen Ansporn schöpfen kannst? Glaube mir, da ist etwas. Es ist die Tatsache, dass du ein Dach über dem Kopf hast. Du kannst dir etwas zum Essen kaufen und vielleicht sogar ab und zu etwas unternehmen. Die Sonne scheint und du bist am Leben. Wir müssen keine Angst haben, vor die Tür zu gehen und sicher hast du ein paar Freunde, die dir den Rücken stärken.

Wir können unseren Fokus auf die schlechten Dinge legen oder auf die Guten. Tust du letzteres, wirst du dir daraus deine Energie schöpfen. Ein wenig Selbstmitleid ist ok aber irgendwann sollte der Tag kommen, an dem du aus der Opferrolle schlüpfst und endlich aufhörst, die Verantwortung abzuschieben und sie stattdessen selbst übernimmst. Deine Eltern sind vielleicht schuld und deine letzte Beziehung war der reinste Horror. Manchmal ist das Leben sogar unfair aber möchtest du, dass es dich weiterhin runterzieht und dir im Weg steht oder möchtest du als ein starker Mensch weitermachen und dich nicht unterkriegen lassen? All das Nachdenken und Grübeln lässt uns immer nur im Kreis drehen. Es führt uns nirgendwo hin. Manchmal hilft es, unserem Schicksal einfach zu vertrauen. Wer das nicht kann, achtet am besten auf das Gesetz der Anziehung. Wundert es dich nicht, dass die Sonnenscheinchen unserer Welt meistens Glück haben? Es scheint, als bekämen sie alles, was sie sich wünschen, etwas leichter. Jedes Mal wenn doch etwas schiefzulaufen droht, ziehen sie den Kopf aus der Schlinge, als wäre nichts passiert. Möchtest du auch zu diesen Glückskindern gehören?

Du kannst deine Gedanken zum Positiven trainieren, du kannst es üben.

V. Step

- Wechsle deine Perspektive
- Fokussiere die guten Dinge in deinem Leben, denn es gibt sie
- Arbeite an verschiedenen Optionen und Lösungen, und erstelle einen Plan für deine nächsten Schritte
- Vertraue deinem Schicksal, du weißt nicht, was es mit dir vor hat
- Übe jeden Tag positives Denken um positives anzuziehen und zu erleben

Dein Umfeld

Freund·schaft

auf gegenseitiger Zuneigung beruhendes Verhältnis von Menschen zueinander

In unserem Leben gibt es Faktoren, die unser positives Denken verstärken und es gibt Faktoren, die es boykottieren. Hast du Menschen in deinem Umfeld, die dich anrufen oder sich mit dir treffen, nur um ihre eigenen, immer gleichen Probleme bei dir abzuladen? Freunde, die deinen Rat erfragen, ihn aber niemals anwenden? Menschen, die dich nie fragen, wie es dir geht, die dir nicht zuhören, denn in dem Moment, in dem du deinen Tipp aussprichst, grübeln sie, wie sie dir ihre Probleme noch anschaulicher darstellen können. Diese Personen haben einen absoluten Tunnelblick, denn sie können weder nach rechts noch nach links schauen, sie sind in einem Tunnel, in dem jeder Ratschlag abprallt wie ein Tennisball an einer Wand. Du musst entscheiden, ob Ratschläge fruchten oder ob du deine Energie lieber anderweitig investierst. Wenn es aber seit Jahren kein Anzeichen der Besserung gibt, dann überlege dir, ob du der emotionale Mülleimer sein willst oder dich doch lieber um dich selbst kümmerst?

Du entscheidest, ob du zugunsten aller eine klare Ansage machst und dieser Person aus der Opferrolle hilfst. Wäge ab, ob du weiterhin an der Seite dieser Person stehen möchtest, oder ob du dich lieber von ihr trennst. Es gibt Menschen, die immer jammern und nörgeln, egal wie die Situation aussieht. Das hat auch negative Auswirkungen auf dich! Wir haben entweder ein schlechtes Gewissen, weil es bei uns besser läuft und wir einfach positiver gestimmt sind oder wir stellen unsere eigenen Themen hinten an, weil wir wissen, dass diese Freunde uns sowieso nicht zuhören.

Negative Faktoren von außen beeinflussen unser Inneres. Sie sorgen dafür, dass wir uns nicht wohlfühlen und demotiviert sind. Wenn du deine Beraterposition nicht gerade liebst, wird es dich Kraft kosten, Zeit mit diesem Freund zu verbringen. Es sagt zwar auch, dass du eine hilfreiche und positive Funktion in seinem Leben hast und dass du vertrauenswürdig bist. Aber manchmal fühlst du dich selbst nicht in deiner Kraft und bist deshalb nicht imstande, Ratschläge zu geben oder zu helfen. Erkläre dem anderen, weswegen du nicht in deiner Kraft bist. Entweder das Gespräch wandelt sich und du erhältst auch ein offenes Ohr und Unterstützung und stellst damit wieder ein Gleichgewicht her, oder es bleibt bei der einseitigen Therapiesitzung.

Freundschaften können nur durch eine echte Verbindung und ein Gleichgewicht stattfinden. Wenn du dieses Gefühl schon länger nicht mehr hast, solltest du dich fragen, ob diese Person je zu "deinen 5" gehören kann. „Deine 5“ sind die Menschen um dich herum, die dich am meisten beeinflussen. Es können Freunde, Familienmitglieder oder einfach Vorbilder sein. So wie die Menschen uns demotivieren können, können sie uns auch motivieren und pushen. Beim Verfolgen eines Ziels brauchst du Menschen, die dich unterstützen, dir unter die Arme greifen und dich fliegen sehen wollen. Erzähle vor allem diesen Menschen von deinem noch nicht erreichten Ziel oder deiner Vision. Erzähle es nicht einfach jedem. Egal was du vor hast, es gibt immer Menschen, die dir das Glück nicht gönnen. Hochmut kommt vor dem Fall! Möchtest du riskieren, dass alle Menschen, die dir das Glück missgönnen, danach sagen: "Hab ich's doch gewusst?" Nein!

Natürlich sollten wir diesen Meinungen nicht allzu viel zuschreiben. Aber du wirst dich besser fühlen, von einem Erfolgserlebnis zu erzählen, als mitten auf dem Weg zu erkennen, dass es nicht deiner ist und du es „nicht geschafft" hast. „Nicht schaffen" bedeutet allerdings nur, dass wir unseren Weg ein wenig ändern müssen. Das hat immer seine Gründe, auch wenn wir sie im Voraus noch nicht verstehen können. Diese fünf Menschen sollten immer dein Bestes wollen und dein absolutes Vertrauen haben. Tun sie es nicht, streiche sie von der Liste, selbst wenn nur einer übrig bleibt.

Mache dir keine Sorgen, wenn du diese Menschen noch nicht gefunden hast. Ich habe sie auch noch nicht alle beisammen. Hier zählt Qualität. Denn diese Menschen sollen dich motivieren und mit dir auf dein Ziel hinarbeiten. Dich trösten, wenn es dir nicht gut geht, dir ganz ehrlich sagen, wenn eine Idee perspektivlos ist und vor allem an deiner Seite stehen mit absolutem Wohlwollen. Vielleicht haben „deine 5“ sogar die gleichen Interessen, Ziele und Gefühle. Es fühlt sich toll an, mit seinen Gedanken nicht alleine zu sein. Wenn du einen Kinderwunsch hegst, ist nichts spannender, als Mütter und Väter. Du möchtest alles von ihnen wissen! Alles, was sie sagen ist interessant. Wenn du eine Weltreise planst, möchtest du am liebsten stundenlang mit jemandem reden, der bereits eine hinter sich hat. Hole dir die passenden Freunde in dein Leben. Wir verbringen zu viel Zeit mit Menschen, die uns nicht wirklich interessieren. Menschen, mit denen wir oft nicht einmal auf einer Wellenlänge sind. Wir müssen Platz schaffen für neue Inspiration, Freunde die uns wieder mit Energie versorgen und die verstehen, was wir zu sagen haben.

Genau wie Freunde beeinflusst dich auch deine Umgebung. Lässt du dich von der Frustration und Unzufriedenheit anderer Menschen mit runter ziehen oder schaffst du es trotzdem, in deiner Kraft zu bleiben? Schaffst du es, den Kopf oben zu halten oder gerätst du manchmal unter die Räder? Ich fahre täglich mit öffentlichen Verkehrsmitteln und hatte ein ernsthaftes Problem damit. Ich konnte die negativen Energien fast körperlich spüren. Allgemein finde ich, hat es etwas Unnatürliches, unter der Erde herumzugeistern.

Exakt diese Ausstrahlung haben die meisten mitfahrenden Gäste in der U-Bahn. Kein Lächeln, keine Freude und Eiseskälte. Zwischenmenschlich versteht sich. Die reale Temperatur beträgt ungefähr immer 10 Grad zu viel. Im Winter ist es mit dicken Jacken zu warm, im Sommer klebe ich in Shorts an den Sitzen fest und es ist stickig und stinkt. 90 Prozent fahren in der Smartphonehaltung mit und sehen nur auf, wenn aus Versehen jemand ihr Knie streift. Mir fällt kein Ort ein, an dem die Menschen gelangweilter und unaufmerksamer sind. Die paar Menschen, die nicht mit dem Kopf nach unten in ungesunder Haltung sitzen oder stehen, tragen meistens Kopfhörer. Wenn ich jemandem gegenüber sitze, versuche ich dem Blick auszuweichen, indem ich aus dem Fenster sehe, auch wenn dort nur die Wand des U- Bahn Schachtes zu sehen ist. Du siehst, ich bin kein Fan vom U-Bahn fahren, aber mir hat eine Sache sehr geholfen: die Zeit produktiv zu nutzen.

Statt mich mit etwas sinnlosem abzulenken und mich den negativen Gedanken hinzugeben, habe ich angefangen etwas zu tun, das mir wirklich Spaß macht oder etwas, bei dem ich etwas lerne. Ich nutze diese Zeit nun mit Podcasts, die nützlich für meine Bücher sind oder mit dem Lesen eines Buches. So gewinne ich jeden Tag eine Stunde Zeit, in der mich niemand stört und ich produktiv und kreativ sein kann. Seit ich meine Beschäftigung verändert habe, fahre ich sogar ganz gerne U-Bahn, weil ich jetzt die negative Stimmung nicht mehr aufsauge, sondern ausblenden kann. Eine sinnvolle Tätigkeit wird dich vor den negativen Energien in deiner Umgebung beschützen.

VI. Step

- Finde heraus, was dein positives Denken boykottiert
- Bringe Gleichgewicht in einseitige Freundschaften oder löse sie auf
- Umgebe dich mit Menschen, die dein bestes wollen und finde „deine 5“
- Ignoriere negative Energien deiner Umgebung
- Lenke dich in unangenehmen Situationen mit etwas sinnvollem ab

Früher war alles besser

Nos·t·al·gie

vom Unbehagen an der Gegenwart ausgelöste, von unbestimmter Sehnsucht erfüllte Stimmung, die sich in der Rückwendung zu einer vergangenen, in der Vorstellung verklärten Zeit äußert, deren Erinnerung man wieder belebt

Die Nostalgie ist der Feind des Hier und Jetzt. Manchmal gibt es einen Trigger, der uns in der Vergangenheit herumirren lässt und uns vielleicht sogar traurig macht. War früher nicht alles besser? Nostalgie fühlt sich ein wenig an wie Liebeskummer, aber wir denken nicht an

Verflossene, sondern an alte Freunde, an Leichtigkeit und an all die Dummheiten, die wir angestellt haben. Wir schwelgen in Erinnerungen und denken darüber nach, wie viel Spaß wir hatten, wie viel Energie und Lebensfreude.

Ausgelöst durch den Besuch eines alten Freundes, den ich nur sehr selten sehe, weinte ich einmal ein ganzes Wochenende um meine Freunde von damals und um die wenigen, die heute übrig geblieben sind. Mir wurde bewusst, dass es einfach nicht mehr das Gleiche war. Früher saßen wir stundenlang zusammen, redeten, tranken und hatten gute Zeiten. Heute gehen alle im Alltags- oder Karrierestress unter. Zehn Jahre können alles verändern. Die Freunde aus der Schulzeit sind oft über die ganze Welt verstreut und die Freundin, der du versprochen hast sie in Australien zu besuchen, ist nun seit acht Jahren weg. Wenn man sich gelegentlich trifft, führt man tiefgründige Gespräche über früher, über das Leben, Liebe und Leid, oder man kennt sich eigentlich gar nicht mehr und macht nur noch Smalltalk.

Was passiert ist, ist das Leben. Die Welt dreht sich weiter und wir uns mit ihr. Ab und zu, wenn wir es doch schaffen einen Moment innezuhalten, werden wir uns darüber bewusst und deshalb traurig. Denke an einen der schönen Abende von damals zurück und erinnere dich, ob du die Zeit an diesem Abend wirklich genossen hast. Jeder Tag kann ein Tag sein, an den du einmal zurück denkst, wie schön er war. Dann wünscht du dir, du hättest es genießen können. Wenn wir etwas planen, können wir es nicht erwarten, das Ziel zu erreichen.

Der Aufbau eines Unternehmens oder die Planung deiner Hochzeit wird beherrscht von dem Wunsch, alles endlich abzuschließen.

Wir haben eine ideale Vorstellung, wie alles aussehen soll in der Zukunft. Wenn wir dann endlich fertig sind und jedes Puzzleteil Stück für Stück zusammengesetzt haben, was meist länger dauert, als gedacht, stellen wir fest, dass es uns nicht annähernd das gebracht hat, was wir uns gewünscht haben. Vieles läuft anders als in unseren Vorstellungen. Anders, als wir es uns so oft ausgemalt haben. Dann schauen wir zurück und stellen fest, dass die turbulente Zeit vor dem Erreichen unseres Ziels das Aufregendste daran war. Wir bereuen, dass wir sie nicht so sehr genossen haben, wie wir es hätten tun sollen. Es ist ein Kreislauf, der genau jetzt stattfindet.

Genau hier und heute, solltest du den Tag genießen, denn bald gehört auch dieser Tag zu den guten alten Zeiten. Manche Menschen erkennen das relativ früh. Es gibt aber auch Menschen, die erkennen dies erst, wenn es zu spät ist noch etwas zu ändern oder besser zu machen. Die Reisen, die du jetzt machst, die Zeit vor der Hochzeit, die Kinderplanung oder der Hausbau. All diese Phasen solltest du genießen, denn sie kommen nie wieder so zurück. Diese Zeiten sind der eigentliche Spaß an der ganzen Sache. Ich würde sogar behaupten, der Spaß am ganzen Leben. Der Weg dorthin, wo auch immer du sein möchtest. Wenn du angekommen bist und dein Ziel erreicht hast, ist das Aufatmen meist von kurzer Dauer. Nach ein paar Wochen oder Monaten haben wir schon den nächsten Plan im Kopf, dem wir dann wieder kopflos hinterhereilen. Wenn du an einem Ziel angekommen bist, sind wieder andere Dinge "nicht in Ordnung" und du wünscht dir die Zeit von früher zurück.

Alle Emotionen fordern ihren Platz ein. Gewähre ihnen Raum, aber lerne auch, sie umzuwandeln. Wenn es um Technik geht, wollen die Menschen immer schneller und besser werden und jede Neuigkeit sofort verwenden. Geht es um Emotionen und Gefühle, dann befinden wir uns eher im Mittelalter. Wir bewerten unsere Emotionen, teilen sie in gut und schlecht ein, und steigern uns dennoch in Ärger hinein, bis wir ihm am Abend bei unseren Liebsten Luft machen und teilen ihm damit noch mehr Wert zu. Aber je mehr wir unseren Emotionen Wert zuschreiben, desto schlimmer wird es.

Bereits in der Grundschule werden wir als schwach abgestempelt, wenn wir unsere Verletzlichkeit zeigen. Aber ist nicht derjenige stark, der Emotionen zulassen, akzeptieren und umwandeln kann? Wir werden abgestumpft. Der Nachteil daran, immer stark sein zu müssen und nichts an sich herankommen zu lassen, ist, dass wir auch weniger Freude empfinden.

Das Gleichgewicht besteht aus gut und schlecht. Sonnen- und Regentagen. Das Leben besteht aus Freude und Leid, und egal wie sehr man dagegen kämpft, so leidet man doch innerlich, auch wenn man stark genug ist, es nicht nach außen zu tragen. Wahre Stärke ist, seine Schwächen zu zeigen, verletzlich zu sein. Stehe zu deinen Emotionen und sei auch mal "schwach".

Gewähre auch der Nostalgie ihren Raum und lasse schöne Erinnerungen zu, aber lebe nicht in der Vergangenheit oder trauere ihr hinterher. Verbringe die Zeit, die du brauchst in Nostalgie, aber verbringe dein Leben damit, immer wieder neue wundervolle Erinnerungen zu schaffen.

VII. Step

- Jeder Tag kann ein Tag sein, an den du irgendwann zurück denkst und dir wünscht, du hättest ihn genossen
- Die Planungs- und Aufbauphasen unseres Ziels sind oft schöner als das Erreichen selbst
- Es ist in Ordnung, "Schwäche" zuzulassen
- Gewähre deinen Emotionen den Raum, den sie brauchen

Wofür

Be·weg·grund

Veranlassung; einen Menschen zu einer Handlung bewegender Grund; Motiv

Hin und wieder verlieren wir unsere Motivation. Der Grund ist häufig, dass wir nach einer gewissen Zeit vergessen, wofür wir etwas tun. Wir drehen uns im Kreis und verlieren unser eigentliches Ziel aus den Augen. Dir muss bewusst sein, für was du brennst. Daraus entsteht dein Ziel. Deine Aufgabe ist es, Ziele zu finden. Deine eigenen Ziele, ohne sie zu bewerten und ohne den Einfluss von anderen. Das benötigt Zeit und Ruhe und ist nicht in fünf Minuten erarbeitet. Wir müssen aufgestellt und in unserer Kraft sein, wenn wir herausfinden möchten, was wir wirklich wollen. Das sollte dich motivieren, dich um dich selbst zu kümmern. Dinge zu tun, die sich gut anfühlen, die dich stärken, geistig und körperlich und die dir einen Grund geben, aufzustehen. Dein größter Ansporn ist dein „wofür“. Wenn du in einer Situation steckst, die besser sein könnte, dann finde heraus, wofür du da durchgehst. Halte dir dein Ziel vor Augen. Verliere in all dem Chaos auf dem Weg nicht aus den Augen, was du wirklich willst. Darauf arbeitest du hin. Wenn wir immer daran denken sind wir wesentlich strapazierfähiger. Fang an zu planen, was nach dieser Zeit sein wird. Was passiert, wenn du deinen Traum verwirklicht hast und wie fühlt es sich an?

Wir sind unzufrieden und wissen nicht einmal, was wir benötigen, um zufrieden zu sein. Es wird eine Zeit „danach“ geben und für diese Zeit musst du bereit sein. Wenn es soweit ist, musst du schnellstmöglich deinen Sprung schaffen und nicht dann erst anfangen dich zu fragen, was du willst und was dein Ziel ist.

VIII. Step

- Wofür tust du es?

- Halte dir dein Ziel immer vor Augen

- Sei bereit für den Absprung

Krisen

Kri·se

schwierige Lage, Situation, Zeit, die den Höhe- und Wendepunkt einer gefährlichen Entwicklung darstellt, Zeit der Gefährdung

Eine Krise ist der Zustand, in dem du nicht mehr die Wahl hast, etwas zu verändern, sondern du musst, bevor du zusammenbrichst. Warum warten wir so häufig auf diese Krisen? Warum gehen wir es nicht vorher an? Wie kann es sein, dass wir uns von anderen Menschen einreden lassen, wir müssten etwas durchhalten, obwohl alles in uns danach schreit, es zu beenden? Wir opfern unsere Zufriedenheit, unser Glücklichsein und sogar unsere Gesundheit, um etwas durchzuziehen. Befindest du dich gerade in einer Krise? Du hast keine Ahnung, wie du da schon wieder hineingekommen bist, geschweige denn, wie du herauskommen sollst? Du hast das Gefühl, dass dein Leben von einer Krise zur nächsten wandert?

Es gibt eine Sinnkrise am Ende des ersten Lebensviertels, die als Quarterlife-Crisis bezeichnet wird. Als ich zum ersten Mal davon las, half es mir enorm, denn bis dahin glaubte ich wieder einmal, dass mit mir etwas nicht stimmt. Schwarz auf weiß zu lesen, dass es dafür sogar einen Begriff gibt, sorgte dafür, dass ich mich nicht mehr alleine damit fühlte. Es betrifft junge Menschen, die auf der Suche danach sind, was sie denn mit ihrem Leben anfangen wollen. In der Zeit, in der wir unser Leben in vollen Zügen genießen und nicht zu viel nachdenken sollten, fragen wir nach dem Sinn des Lebens. Viele von uns haben in dem Alter bereits erkannt, dass weder Party, noch Drogen, noch Sex die Antwort liefern.

Menschen, die nach der Schule und Ausbildung und einigen Jahren Berufserfahrung zum ersten Mal genug Zeit haben, sich zu fragen, ob das denn schon alles war. Niemand hat uns darauf vorbereitet, wie wir damit umgehen sollen, wenn wir die Sinnlosigkeit unseres Daseins in Frage stellen. In der Schule und im Studium wird uns alles mögliche beigebracht, aber nicht, wie wir mit dem Leben klarkommen. Unser System ist darauf ausgerichtet, uns für den Beruf fit zu machen, doch die meisten gehen von der Schule und wissen nicht, was sie wollen. Hatten sie überhaupt Zeit darüber nachzudenken? Niemand bringt dir bei, wie du das alltägliche Leben meisterst oder wie du dich um eine Familie kümmerst.

Das Gute an der Quarterlife-Crisis ist, dass du dein Leben noch vor dir hast. Du kannst, darfst und musst alle Fehler machen, die dir in den Sinn kommen. Nur so findest du heraus, welchen Weg du wählen möchtest. Alle Türen stehen dir noch offen, und du solltest in diesen Jahren mehr als einmal auf die Nase fallen. Nur durch Fehler kannst du deine Grenzen, deine Stärken und Schwächen kennenlernen. Alles wird anders aussehen, sobald du in die Midlife-Crisis kommst. Kaum bei der 40 angekommen, bereut man hier alles, was man sich mit 25 nicht getraut hat. Mache deine Fehler deshalb besser jetzt! Am Ende deines Lebens wirst du noch einmal Zeit haben, alles in Frage zu stellen.

Hier können wir nichts mehr in Angriff nehmen, sondern nur noch Frieden schließen. Was ist es, was du am Ende deines Lebens bereuen würdest, nicht getan zu haben? Dann tue genau das! Wenn wir das Wort "Krise" gegen "Veränderungsvorgang" tauschen, nehmen wir ihm damit seine Negativität. Du veränderst dich ständig, das Leben ist ein Prozess. Es ist keine Zahl oder ein Fakt, der immer so bleiben wird, sondern du lebst in jeder Sekunde. In manchen Lebensphasen kommt diese Veränderung an einen Punkt, an dem du dich entscheiden musst, zwischen weitermachen oder verändern. Willst du sein, wie jeder andere oder deinen eigenen Weg finden? Willst du nicht stehenbleiben und nicht zufrieden sein, mit dem was du hast, weil du mehr willst? Es gibt dieses "mehr", aber es bedeutet Weiterentwicklung.

Es bedeutet, einen oder mehrere Schritte nach vorne zu machen. Es bedeutet, dass du ab jetzt an der Entwicklung deiner Persönlichkeit arbeitest.

IX. Step

- Eine Krise zwingt dich zur Veränderung

- Mache Fehler, um deinen Weg zu finden

- Was würdest du am Ende deines Lebens bereuen, nicht getan zu haben?

- Das Leben ist ein ständiger Veränderungsprozess

- Arbeite an dir und hol dir dein "mehr

Deine Vision will gefunden werden

Vi·si·on

in jemandes Vorstellung besonders in Bezug auf Zukünftiges entworfenes Bild

Das Grundgerüst meiner Vision hatte ich bereits etwa in der 6. Klasse. Wir sollten aus verschiedenen Bildern das herausnehmen, das am besten beschreibt, was wir uns wünschten. Die meisten Jungen suchten sich Bilder mit Autos heraus. Die Mädchen, ganz das Klischee, Bilder von einer Bühne oder mit einem Kinderwagen vor einem Haus. Ich wählte ein Bild, das einen Strand und das Meer zeigte. Wir sollten kurz erklären, warum wir uns für unser Bild entschieden hatten. Ich erklärte, dass das den Ausblick beschreibt, den ich eines Tages haben möchte, wenn ich morgens aufwache. Meine Klassenkameraden verstanden das nicht so richtig, konnten es aber akzeptieren. Die Lehrerin wusste, was ich meinte und lächelte. Ich war bereits damals daran gewöhnt, anders zu sein und hatte kein Problem damit. Dann erklärte mein Freund David ausführlich, warum er sich für dieses Auto entschieden hatte.

Meine Vision hat sich über die Jahre manifestiert. Ein einstöckiges Häuschen an einem Steinstrand. Ich sehe raue Wellen in einem gräulichen Meer. Aber keine besorgniserregenden Wellen. Es ist windig, aber warm. Ich höre Vögel zwitschern und die Luft ist salzig. Die ersten Sonnenstrahlen des Tages wärmen mein Gesicht, während ich auf der Terrasse mit einer Tasse Kaffee und meinem Laptop sitze. Mein Mann kommt barfuß auf die Terrasse und gibt mir einen Kuss auf die Schulter. „Stelle es dir genau vor, rieche es, schmecke es. „Was fühlst du?" hatte mich mein Coach damals gefragt und ich konnte es genau beantworten.

Wenn du keine Vision hast, irrst du nur ziellos herum. Das ist für eine Weile völlig in Ordnung, aber irgendwann spürst du, dass du ziellos bist. Eine berufliche und eine private Vision sorgt dafür, dass du ein riesiges „wofür" bekommst, und du deinen Weg zumindest grob kennst. Der Unterschied zwischen Menschen mit und ohne Vision ist meist nur, dass sich die Menschen mit Vision ausführlich damit beschäftigt haben. Ich habe leider viel zu viele Menschen in meinem Umfeld, die jeden Tag ins Büro gehen, wohl wissend, dass sie es nicht gerne tun, aber nicht einmal bereit sind, sich Gedanken zu machen, was sie denn stattdessen möchten. Das Nachdenken darüber, wie ihr Leben einmal aussehen soll, ist ihnen zu viel. Also gehen sie jeden Tag mit hängenden Schultern weiter in ihren Job und sehen diejenigen schräg an, die es schaffen, etwas zu wagen und möge es noch so unrealistisch sein. Wenn du jetzt denkst, dass das nichts als Träumerei ist, dann frage einfach einen erfolgreichen Menschen in deinem Umfeld, der seinen Traum verwirklicht hat. Jeder, der das getan hat, wird dir als allererste Regel nennen, dass du an dich und deinen Traum glauben musst. Kein Erfolg ohne Traum, und kein Traum ohne deinen Glauben daran. Nachdem mein Bild wirklich Gestalt angenommen hat, fragte ich mich natürlich, wie ich dort hinkomme. Ein Haus am Strand ist auch nicht gerade preiswert. Abgesehen davon, lebe ich nicht ewig und ich würde sehr gerne möglichst viel Zeit in meinem Häuschen verbringen. Mein Coach ermahnte mich, dass dies eine private Vision wäre, ich aber keine berufliche hätte. Ich musste zuerst meine neue berufliche Vision umsetzen, um diese private und örtliche Vision zu erreichen. Ich stand plötzlich unter enormem Druck. Ich wollte es erzwingen. Ich schrieb wie eine Verrückte drauflos. Einen Roman, wie gesagt, um in ein Genre zu passen.

Es war zähfließend, anstrengend und sehr zeitaufwändig. Aber schon bald kam ich wieder auf den richtigen Weg. Bei einem Spaziergang mit meinem Hund erschien auf meinem Telefon ein neuer Podcast auf: „Wenn du nicht weißt, was du mit dir anstellen sollst". Wie für mich gemacht. Ich hörte mir diesen Podcast an, in dem ein junger Autor beschrieb, dass er einfach nur schreiben wollte, weil er es liebte. Er dachte nicht an Erfolg oder daran, dass sich seine Bücher gut verkaufen ließen. Er wollte einfach nur schreiben und wer es am Ende lesen will, kann hoffentlich etwas aus seinen Büchern mitnehmen. In diesem Moment ging in meinem Kopf die Lampe an. Das war meine Intuition. Auch ich hatte angefangen zu schreiben, weil ich es liebte, weil ich andere damit unterstützen wollte, im Leben klarzukommen. Der Druck verfälschte meine Vision und meinen Traum. Weshalb sollte ich aus meinen Lebenserfahrungen einen Roman machen, der absolut nichts mehr mit meinem Buch zu tun hatte? Nach diesem Tag entwickelte sich meine gesamte berufliche Vision, an der ich vorher schon monatelang gearbeitet hatte. Alles ergab ein stimmiges Bild. Ich fühlte ganz deutlich, dass ich wieder auf dem richtigen Weg war. Ich konnte an nichts anderes denken, es musste einfach richtig sein! Der selbst auferlegte Druck verschwand und ich kam zurück auf meinen eigenen, richtigen Weg. Es gibt verschiedene Fragen, die du dir stellen solltest, um eine Vision zu finden. Was machst du gerne? Schreibe alles auf, das dir in den Kopf kommt. Du wirst sehen, es ist nicht einfach. Die zweite Frage ist, womit kannst du Geld verdienen? Du fragst dich auch, was deine

Mission ist, also was die Welt von dir braucht. Die letzte Frage ist, in was bist du gut? Diese Fragen führen dich zu deinem Lebensziel. Es führt dich dazu, zu wissen, wofür es sich zu leben lohnt und wofür es sich lohnt aufzustehen. In Japan gibt es dafür einen Begriff: IKIGAI. Wenn du all diese Fragen beantwortest, wird es mehrere Überschneidungen geben, die dann das Bild deines Weges ergeben werden. Horche in dich hinein, ob deine Antworten sich richtig anfühlen, oder ob du doch noch einmal abbiegen musst.

Das Ergebnis wird sich nicht erzwingen lassen, also nehme dir Zeit dafür. Mit Objektivität, Zuversicht und ohne die Sorgenfalte auf deiner Stirn, wird es sich wie ein Puzzle zusammensetzen. Versuche deine Selbstzweifel nicht zu bewerten, sondern akzeptiere sie. Nur mit klarem Kopf kannst du sinnvolle und strukturierte Entscheidungen treffen. Jedes Detail ist wichtig, damit du dich hineinfühlen kannst. Das ist das Gefühl, das du erreichen möchtest. Das Gefühl, das du empfindest, wenn du dein Ziel erreicht hast, ist wichtiger als die Um-stände, denn es wird dich zu wirklicher Zufriedenheit führen und dich anspornen. Das Finden deiner Vision ist ein regel-rechter Motivationsboost.

Klammere dich nicht fest an dem Gedanken, deine Vision schnellstmöglich zu finden. Du bist nicht der einzige Mensch auf der Welt, der noch keine hat. Tanke Energie in deinen Alltagsritualen und finde deinen Frieden mit deiner jetzigen Situation. Sie wird nicht für immer so bleiben und wird sich zum Guten wenden, während du an deinen höheren langfristigen Zielen arbeitest und sie verfolgst. Erstelle einen Notfallplan, indem du dir das Schlimmste ausmalst, das passieren kann. Natürlich beachtest du ihn danach nicht weiter, er dient nur dazu, deinem Kopf eine Absicherung zu präsentieren. Dein Herz weiß, dass das Schlimmste wäre, nie anzufangen. Bevor du dich Hals über Kopf in eine Kurzschlussreaktion stürzt, plane! Was ist der einfachste Schritt zu deiner Vision? Vielleicht musst du geduldig sein, aber wir wissen ja schon, dass der Weg das Ziel ist. Nicht, dass wir dann an diesem Strand sitzen und wieder nostalgische Gedanken zum bereits wieder vergangenen „jetzt“ haben. Wenn wir Vertrauen in uns selbst und in das Schicksal haben, wird sich alles so ergeben, wie du es brauchst. Aber du musst aktiv sein. Dann wirst du an einen Punkt gelangen, an dem sich alles wie von alleine zusammenfügt. Plötzlich wirst du die richtigen Leute treffen, um Kontakte herzustellen und es fällt dir ein Artikel nach dem anderen zu deinem Thema ins Auge, so wie du es brauchst. Personalisierte Werbung deines Schicksals sozusagen. Vertraue deiner Intuition. Wenn es stockt und du nicht weiterkommst, musst du vielleicht eine andere Abzweigung wählen. Vor allem aber wirst du auf der Suche nach deinem Traum dich selbst kennenlernen. Du wirst tausend Sachen herausfinden, die du nicht möchtest, nur damit du sie ausschließen kannst. Jemand, der mich gut kannte, hat einmal zu mir gesagt, ich sei nie zufrieden mit dem was ich habe. Wenn meine Beziehung stimme, dann würde ich an meiner Arbeit mäkeln und schrauben, und wenn mit meiner Arbeit alles stimme, würde ich die Fehler in meiner Beziehung suchen. Zwei Monate später habe ich den Höllenjob aufgegeben und einen Traumarbeitsplatz gefunden. Dieser Jemand hatte absolut recht. Ich schraube immer an irgendeinem Ende meines Lebens herum, ich bessere aus und optimiere. Wichtig ist, dass wir dabei das Hier und Jetzt auch genießen können.

Verdrängst du deine eigenen inneren Wünsche oder lebst du sie wirklich? Hält dich etwas zurück, sie zu leben und wenn ja, was? Manchmal stehen Wünsche und Ziele im absoluten Gegensatz zu denen, die wir zehn Jahre zuvor hatten. Passe dein Leben nach und nach deinen eigenen Wünschen und Vorstellungen an. Kommst du klar mit dem Gedanken, dass du das, was du jetzt tust, weitere 40 Jahre, 40 Stunden pro Woche tust? Wenn du dich jetzt fragst: “Wie sieht das denn in meinem Lebenslauf aus?“, dann beantworte die Frage: „Wie sieht es mit deiner seelischen und körperlichen Gesundheit aus, wenn du dich weiterhin zu deiner Arbeit quälst?“ Und riskierst du das, wegen eines Stück Papiers? Wie sieht deine perfekte Situation aus? Wie wäre dein Berufsleben, wenn alles glatt läuft und wie sieht es privat aus? Lässt du dich einfach treiben oder hast du Angst, etwas zu verpassen, von dem du später sagst, ach, hätte ich es früher angepackt.

Zu viele Menschen glauben nicht an sich und verwerfen ihre Träume als unerreichbar. Aber du wirst sehen, wie viel Spaß es macht, an deinem Traum zu arbeiten. Etwas zu tun, was du wirklich willst. Das tust du nicht für ein unwürdiges Gehalt, von dem du dir einen hübschen Wagen kaufen kannst. Das tust du für dich. Für dein erwachsenes Ich, für dein Kind in dir und für deine Seele. Das ist es, was uns viel mehr motiviert als Geld oder Anerkennung anderer Leute, oder ein Papier auf dem die Note „gut“ oder „sehr gut“ steht. Diese Arbeit wird sich nicht wie Arbeit anfühlen, du wirst nicht die Stunden zählen, die dich diese Idee kostet. Du wirst selbst nach Feierabend weitermachen wollen, nebenbei recherchieren oder immer wieder neue Ideen haben. Wenn es dir so geht, ist das, was du tust, keine Arbeit mehr, sondern deine Leidenschaft. Wenn wir mit Leidenschaft und Freude bei einer Sache sind, ist ein „Burnout“ beinahe ausgeschlossen. Das energielose und ausgelaugte Gefühl entsteht nur, wenn wir an einer Sache weder Spaß noch Freude empfinden, oder wenn wir es nur für Geld tun. Du kannst ein geregeltes Leben führen und trotzdem deine Vision verfolgen. Du kannst einen Vollzeitjob haben und trotzdem an deinem IKIGAI basteln. Es gibt keine Ausreden. Gehe lieber zu etwas Gutem hin, als von etwas Schlechtem weg. Warte nicht auf eine Krise, die dich auffrisst, sondern sehe es wie ein kontinuierliches Lauftraining und kommuniziere auch immer wieder mit dir selbst.

Wir befassen uns mit allen möglichen Menschen, aber viel zu selten mit uns selbst, mit unseren Gefühlen und mit unserem Herzen. Deshalb muss es immer wieder erst zu Lebenskrisen oder im schlimmsten Fall, zu gesundheitlichen

Warnungen kommen, damit wir etwas ändern. Wir ändern meist erst etwas, wenn es zu spät ist. Wir reflektieren viel zu selten und jammern zu viel. Genau jetzt ist der Moment, in dem du dein Leben aufbaust und der Moment, in dem sich entscheidet, ob du es nach deinen Vorstellungen lebst oder nach den Wünschen anderer.

X. Step

- Jeder erfolgreiche Mensch, der seinen Traum verwirklicht hat, hat zuerst daran geglaubt

- Warte nicht auf eine Krise

- Plane die nächsten Schritte auf deine Vision zu

- Frage dich:
  Was machst du gerne?
  Womit kannst du Geld verdienen?
  Was braucht die Welt von dir?
  Was kannst du gut?

Deine Gegenspieler

Ge·gen·spie·ler

Jemand oder etwas, das dem Tun und Wirken eines anderen entgegenwirkt

Auf jede Vision und jeden Traum kommen ein paar Menschen, die gar nicht gut finden werden, was du vorhast. Du wirst auf Missmut stoßen, auf Neid und schlicht auch auf Menschen, die dir keinen Erfolg gönnen. Deine Eltern werden sich Sorgen machen und dir zu Sicherheit raten. Willst du das, was dein Herz und deine Intuition dir sagen gegen Sicherheit eintauschen? Viele werden sich aber auch für dich freuen und dich unterstützen, weil sie das Glitzern in deinen Augen sehen, wenn du ihnen von der neuen Idee erzählst. Die Ironie ist, dass 40 Menschen unsere Idee toll finden können, aber stoßen wir auf nur einen Menschen, der nichts davon hält, wirft uns das aus der Bahn. Meist liegt es an schlechten Erfahrungen, die diese Person gemacht hat. Du hörst Sätze, die bestätigen, dass das gar keine gute Idee ist. Sätze wie:" Du wirst schon sehen!", oder noch schlimmer: „Du wirst noch an mich denken!" Es reißt uns in Sekundenschnelle aus der Euphorie und schmettert uns gnadenlos in die Wirklichkeit zurück. Die 40 positiv gestimmten Menschen sind vergessen, nur das schlechte Feedback zählt in deinem Kopf voller Selbstzweifel. Du grübelst und wirst unsicher und hier gilt es, „deinen Mann zu stehen". Stehe zu dir und deinen Wünschen. Stehe dazu, die Fehler machen zu wollen, die deine Eltern schon längst begangen haben. Du hast ein Recht darauf, deine eigenen Fehler und Erfahrungen auf eigene Verantwortung zu machen. Sei vorbereitet auf deine Gegenspieler. Niemand würde sich ein Fußballspiel ansehen, in dem nur eine Mannschaft ohne Gegner spielt. Warum sollte es im Leben anders sein? Deine Aufgabe ist es, die Unsicherheit in Ansporn umzuwandeln. Der Erfolg und der Misserfolg anderer hat nichts mit dir zu tun. Du kannst es anders machen, vielleicht sogar besser. Die Hauptsache ist, dass du dich nicht aufhalten lässt! Stürme zum Tor und lande einen Treffer! Es wird auch Menschen geben, die sich scheinbar gar nicht für deinen Traum interessieren. Dir gar nicht zuhören, wenn du ihnen von deinem Lebensplan erzählst und es einfach übergehen. Die kein Interesse zeigen und dich nicht ernst nehmen. Sie meinen es sicher nicht böse, aber sie sind oft so sehr mit sich selbst beschäftigt, dass sie dir nicht zuhören können. Blende sie aus. Fokussiere dich auf deine Ziele. Ziehe dir positive Kraft aus den Menschen, die hinter dir stehen und dich bestärken. Dann wäre da noch der Endgegner: deine eigenen Selbstzweifel. An keinem Gegner sind mehr Leute gescheitert. Sie ändern nichts, sie sind nicht produktiv und doch haben sie einen festen Platz in unseren Köpfen.

Vom Erstellen meines Plans verging noch ungefähr ein Jahr, bis ich mich überhaupt getraut habe, etwas zu veröffentlichen. Ein Profil in den sozialen Medien machte mir Angst. Ich bin der Typ

Mensch, der am liebsten unauffällig in der Menge verschwindet. An dem Tag, an dem ich das Profil freischaltete, war ich nicht ich selbst. Ich war aufgeregt mit schwitzigen Händen und nervösem Magen. Jetzt kann ich darüber lachen, denn es ist doch nur ein Account, aber damals war es mein erster Schritt, die Öffentlichkeit an meiner Vision teilhaben zu lassen. Meine Selbstzweifel erwarteten schreckliche Kommentare und Beschimpfungen. Was ich bekam, war das, womit ich am wenigsten rechnete: Nichts.

Niemand ist aus allen Wolken gefallen, als ich Online ging. Die Mehrzahl hat es nicht einmal bemerkt. Niemand fand das, was ich mache, lächerlich. Ich habe mich zum Glück auf ein Terrain gewagt, auf dem die Menschen eher gut gesinnt sind, als schlecht. Was ich damit sagen will ist, dass wir uns in unserem Kopf die gruseligsten Märchen zusammenspinnen und nichts davon passiert. Wenn wir etwas Neues starten, sind wir immer hin- und hergerissen zwischen zwei Stimmen in unserem Kopf. Die eine sagt, es muss doch jemandem helfen, was ich zu sagen habe und es muss sich doch der ein oder andere dafür interessieren.

Aber da ist auch die Stimme, die sagt: "Wer bitte soll sich dafür interessieren? Wer soll das kaufen? Am besten bleibst du unauffällig und sagst nichts“. Das "mach einfach und fang an", das man immer parat hat, ist so schwer, wenn es um einen selbst geht. Man bastelt an sich, an dem Vorhaben, an seinem Weg, bis es nicht mehr der eigene ist. Mancheiner findet auf seinen Weg zurück, nur um dann wieder alles zu perfektionieren und herumzuschrauben, bis er sich endlich traut, seine Vision zu leben oder auch nicht. Diese Stimme ist dein Ankläger. Wo ein Ankläger ist, muss auch ein Anwalt sein. Ein Verteidiger, ansonsten würde unser Rechtssystem nicht funktionieren. Also werde dein eigener Anwalt. Auf jedes "ich kann das nicht", muss ein "doch du kannst und du wirst“ folgen. Es hat einen Grund, dass dir die gleiche Idee immer wieder im Kopf herumschwirrt und dich einfach nicht loslässt. Dass du lächelst, wenn du darüber nachdenkst, dass deine Idee doch das richtige Gehör findet. Dass du doch jemandem damit hilfst, sich verstanden zu fühlen oder dass du endlich deine Leidenschaft leben kannst.

Es ist immer leicht zu sagen, es sei dir egal, was andere denken, wenn du mit deinem Denken und mit dem, was du zu sagen hast, nicht hinaus in die Welt gehst. Stehst du vor diesem Schritt, fühlt es sich an, als würdest du überlegen über die rote Ampel zu gehen. Du siehst dich fünfmal um, ob auch wirklich kein Auto kommt und dann noch ein paar Mal, ob auch wirklich niemand sieht, was du da vorhast. Du bleibst entweder doch stehen und wartest bis sie grün ist, oder du huscht schnell hinüber. Das Leben schaltet manchmal auf grün, manchmal nicht. Das Leben ist eher wie eine riesige Straße in Thailand. Gehst du nicht einfach darüber, hält niemand für dich an und du stehst für immer an diesem Straßenrand.

XI. Step

- Willst du das tun, was dein Herz dir sagt oder Sicherheit?

- Hol dir Ansporn von deinen Gegenspielern, schöpfe Kraft durch Menschen, die dich unterstützen

- Werde dein eigener Anwalt und verteidige dich gegen deine Selbstzweifel

- Du hast das Recht, deine eigenen Fehler und Erfahrungen zu machen

Der erste Schritt

Schritt

(einem bestimmten Zweck dienende) Handlung; Maßnahme

Was auch immer du vorhast und wie auch immer deine Vision aussieht, du musst etwas dafür tun. Fang an und bleib dran! Jeder erfolgreiche Mensch war einmal an dem Punkt, an dem du vielleicht gerade bist. Jeder erfolgreiche Mensch hat irgendwann einmal all seinen Mut zusammen genommen und angefangen. Frage dich ganz rational, was das Schlimmste ist, das dir passieren kann. Dieser Gedanke ist meistens gar nicht so schlimm, denn wenn du dabei nicht stirbst, ist es nicht "das Ende der Welt". Du könntest Geld verlieren, aber in was möchtest du es lieber investieren als in deine Ideen? Aktien? Du könntest Zeit verlieren, aber wo ist sie besser angelegt als in deinen Träumen? Beim Fernsehen? Verfolge deine Ziele so lange du kannst.

Was ich dir noch sagen will

Wer nicht träumt, der lebt nicht!

Ich will dir mit meinen Büchern Mut machen. Ich will, dass du dir selbst aus Krisen hilfst. Ich will, dass du Verantwortung für dein Leben übernimmst und unabhängig entscheidest. Schiebe dein Leben nicht den Umständen, deinen Eltern oder sonst wem zu. Manchmal fühlt sich das Leben ungerecht an, aber es ist auf deiner Seite. Stecke niemals den Kopf in den Sand, sondern arbeite an dir, entwickle dich weiter und vertraue deinem Herzen.

Egal, was du gerade durchmachst und wie tief das Loch ist, in dem du dich vielleicht befindest, das haben schon ganz andere geschafft und eines Tages wirst du erkennen, dass es für etwas gut war. Glaube nichts, nur weil es dir jemand sagt. Mach dir dein eigenes Bild vom Leben deinen Wünschen, Zielen und Vorstellungen. Schicke Liebe in die Welt und zahle in ein unsichtbares Konto namens Karma ein, von dem du irgendwann einmal abheben kannst. Wenn du Unterstützung brauchst, dann gehe hinaus und frage danach. Rede über deine Pläne, denn du kannst vieles, aber du musst nicht alles können. Lerne von den Besten. Du bist niemals alleine, denn du hast dich selbst. Glaube an dich!

Hier deine letzte Aufgabe:

Erstelle ein Motivationsschreiben

Mo·ti·va·ti·ons·schrei·ben

Schriftstück in Bewerbungsunterlagen, in dem jemand die Motivation für seine Bewerbung darlegt

Wir schreiben unzählige Bewerbungen mit seitenlangen Motivationsschreiben, in denen all unser Herzblut steckt. Wir wollen den Job unbedingt und zeigen uns von unserer besten Seite. Wir fügen ein paar kleine Schwächen als Alibi ein, die aber immer umwandlungsfähig in Stärken sind. Aber hast du das schon mal für dich getan? Schreibe dir selbst ein Motivationsschreiben, erkläre, warum du mit dir arbeiten möchtest. Welche Ziele du verfolgst und welche Erfolge und Erfahrungen bereits hinter dir liegen. Von deinem Ehrgeiz und deinem Engagement. Warum bist ausgerechnet du die beste Wahl? Überzeuge dich, dass deine Wünsche und Träume es wert sind, gelebt zu werden. Von dir. Mit anderen. Starte noch heute in dein neues, aufregendes Leben und bereue nichts!

Danke

- An Tatjana Brünjes, die mich durch ihr Coaching auf meinen Weg gebracht hat und jetzt zu meinen Fünf gehört
- Tanja, die mit Satz: “ich würde so gerne mal wieder ein Manuskript lesen“ einen riesigen Stein ins rollen gebracht hat
- Marion, die den Kampf gegen die Kommas gewonnen hat
- Lisa Soppa, für die schönsten Fotos der Welt
- Meine Testleser, die Teile dieses Buches jetzt auswendig kennen

- Danke an alle, die groß für mich denken, wenn ich es nicht kann
- Vor allem Danke ich DIR und allen anderen Lesern

Wenn ich einen einzigen Menschen auf seinen selbstbestimmten Herzensweg bringen darf,

wenn nur ein Leser sich durch mein Buch motiviert und inspiriert fühlt,

gehe ich meinen richtigen Weg.

Möchtest du mehr über mich erfahren,
mit mir Kontakt aufnehmen
oder wünscht dir meinen Support?

www.tracysummerswriting.de

write@tracysummerswriting.de

www.instagram.com/
tracy_summers_writing

https://www.facebook.com/
TracySummersWriting/

Wenn dir mein Buch gefallen hat, freue ich mich über eine Rezension. Diese sind für uns Autoren die Grundlage eines erfolgreichen Buches. Wenn du weitere Fragen hast, kontaktiere mich gerne per Mail.

Folge mir und hole dir regelmäßige Inspirationen in meinem Blog ab.

Mo·ti·va·ti·on

Gesamtheit der Beweggründe, Einflüsse, die eine Entscheidung, Handlung o. Ä. beeinflussen und zu einer Handlungsweise anregen.

Printed in Poland
by Amazon Fulfillment
Poland Sp. z o.o., Wrocław

73891741R00082